©2020 Krug, Miriam

Herstellung und Verlag:

BoD – Books on Demand, Norderstedt

ISBN:9783750461147

„*Warum es sich doch lohnt*"

Es gibt immer mal Momente, wo ich
denke:

*„Ach, wärst du doch ein Mann! Dann hättest du
es besser!"*

Ich würde mehr Geld verdienen; ich
würde mir weniger Gedanken um meine
Figur und mein Aussehen machen; ging
ins Bett und könnte sofort einschlafen;
ich ging in ein Geschäft und würde sofort
eine Jeans, ein Sweatshirt oder ein Paar
Schuhe finden; beim Grillen würde ich
die ganze Zeit am Grill stehen und
bewachte das Essen was mir zur
Zubereitung gebracht wird; das Auto
macht komische Geräusche und ich
wüsste sofort was kaputt ist; wenn
Tapeziert werden muss, würde vorher
alles weggeräumt und abgeklebt, so dass

ich direkt Starten könnte; auf einer Feier würde ich einen Anzug anziehen ohne überlegen zu müssen ob Kleid, Rock mit Bluse oder doch einfach nur eine schicke Hose; und das ist bestimmt noch nicht alles...

Ganz aufgeregt ziehe ich mir mein Lieblingskleid und meine neuen Pumps an. Mein Freund hat mich zum Essen eingeladen. Als es an der Tür klingelt gehe ich „Ausgehfertig" hin und begrüße ihn mit einem dicken Kuss. Ups, Lippenstift! Er geht vor und hält mir die Autotür auf. Auch er hat sich Chic gemacht. Im Restaurant hat er einen Tisch vorbestellt der auch schon Eingedeckt ist. Bei dem Anblick werden meine Knie etwas weicher. Rosenblätter sind überall verteilt und in der Mitte steht eine Vase in der ein wunderschöner Blumenstrauß steckt. Der Kellner begleitet uns zu diesem Tisch und rückt mir meinen Stuhl zurecht. Er schaut meinen Freund an, der ihm freundlich zunickt, und geht dann. Kurz darauf kommt er mit einer Flasche Sekt im

Sektkühler zurück, öffnet die Flasche die einen leisen Knall dabei hinterlässt und befüllt zwei Gläser. Er verneigt sich leicht und geht Wortlos weg. Mein Freund kramt nervös in seiner Anzugstasche und holt eine kleine Schachtel raus. Er öffnet sie und schaut mich mit einem verliebten Blick an und stellt mir die `Frage aller Fragen`: „willst du meine Frau werden?". Verzückt und leicht schüchtern strecke ich ihm meine Hand entgegen und antworte verliebt: "Ja gerne". Dann steckt er mir den Ring an und wir prosten uns mit dem Sekt zu. Nach dem Essen überreicht er mir den Blumenstrauß und bezahlt bei dem Kellner unser Essen. Mit einem zufriedenen Grinsen steige ich ins Auto ein und lasse mich irgendwo hinfahren.

„ich schweige und genieße den Moment"

৵

Zum wiederholten Male geh ich ins Bad und schau in den Spiegel. „Hm, so ganz gefalle ich mir noch nicht. Die Haare liegen doof, der Pickel am Kinn stört, meine Augen sehen müde aus und meine Augenbrauen müsste ich auch nochmal nach zupfen!

„Bist du soweit? Ich möchte auch gerne noch ins Bad", ruft mein Mann aus dem Flur. „Ja klar", lüge ich und gehe mit einem aufgesetzten Lächeln an ihm vorbei Richtung Schlafzimmer um meine Kleidung zu kontrollieren, mit der ich natürlich auch nicht ganz zufrieden bin. Schnell wechsle ich meine Bluse gegen ein Shirt über das ich eine schicke dünne Weste ziehe. Das gefällt mir schon etwas besser! In der Zwischenzeit ist mein Mann fertig im Bad geworden. Ja Klar, er geht rein, putzt sich die Zähne, legt einen Duft auf, streicht sich durch Haar, richtet sein Geschlechtsteil im Schritt und ist fertig. Zack! „Männer halt!" denk ich mir und verspüre einen kurzen

Anflug von Neid. Der bei Ankunft auf der Feier sofort verschwindet. Wir Frauen werden Umarmt, gedrückt, liebkost und mit Komplimenten umworben was das Zeug hält. Die Männer schütteln sich die Hände, Schlagen sich ab oder Nicken sich einfach nur zu.

„da muss ich wohl nichts zu sagen"

☙

*I*ch wache auf und muss sofort auf Toilette flitzen, mir ist kotzübel. Seltsam, denn Gestern Morgen ging es mir genauso. Dann fällt es mir ein. Meine Periode habe ich ja noch nicht.... Die Pille habe ich doch vor einem halben Jahr abgesetzt wegen „Kinderwunsch". Sollte es tatsächlich soweit sein??? Puh, aufgeregt mache ich mich ausgehfertig, nur um in die Apotheke zu fahren um mir einen Schwangerschaftstest zu holen muss ich ja nicht perfekt aussehen, finde ich. Zur Sicherheit nehme ich mir direkt zwei mit. Beide zeigen mir das Gleiche an. „Schwanger!" Wahnsinn, von außen kann man noch nichts sehen und in mir wächst ein neues Leben heran. Als ich die Herztöne das erste Mal hörte, schossen mir direkt Tränen der Freude in die Augen. Auch mein Mann war sehr ergriffen. Nun begann für uns eine unglaublich faszinierende und spannende Zeit. Klar wurde ich auch immer dicker, zum Glück nur am Bauch. Meistens sind die Männer ja auch *„mitschwanger"* und nehmen zu, haben aber kein Baby im Bauch. Nach der Schwangerschaft war ich wieder fast so schlank wie vor der Schwangerschaft. Mein Mann dagegen, naja...

„auch dazu muss ich wohl nichts sagen "

❧

Schon wieder ein graues Haar mehr. Ich schaue in den Spiegel und sehe eine Person darin, mit der ich mich nicht identifizieren kann, will. „Ne, so alt fühle ich mich nicht". „Ich werde gleich losfahren und mir Haarfarbe kaufen". Meine einzige Überlegung ist „Braun oder Rot!" Im Geschäft entscheide ich mich, einfach beide Farben mitzunehmen. Bei meiner Kurzhaarfrisur kann ich ja fast eh nach jedem Haarschnitt neu Färben, wenn mir danach ist. Manchmal bin ich einfach zu faul um mir die Haare zu färben, dann lasse ich sie auch mal Graumeliert. Ganz grau bin ich ja auch noch gar nicht, sag ich mir.

Nachdem ich alles vorbereitet habe, altes Handtuch, altes T-Shirt an, Eieruhr und Creme fürs Gesicht, kleine Schale für die Haarfarbe und einen Kamm, leg ich gut gelaunt los. Meine Wahl fiel auf „Rot". Nach der Einwirkzeit und dem auswaschen schaue ich in den Spiegel und sehe darin die Person mit der ich zufrieden bin. „Yeah!" Mein Mann kommt ins Bad und fragt mich ob alles Gut ist, er hat einen Schrei gehört. Mein „Yeah", war wohl doch etwas zu laut, dachte ich mir mit einem versteckten schmunzeln. Mehr sagte er auch nicht, drehte sich wieder um und ging. Ich dagegen, habe ihn genau betrachtet. Das was an Haaren noch auf seinem Kopf ist, ist echt nicht mehr viel, er hat eine Glatze…….

„dazu muss ich wohl nichts sagen!"

᪣

Mein Handy klingelt, auf dem Display sehe ich den Namen meiner besten Freundin. Erfreut nehme ich das Gespräch an und begrüße sie mit einem gesungenen „Hallo". Nachdem wir uns über Gott und die Welt unterhalten hatten, fragt sie mich ob ich Lust und Zeit hätte, mir ihr auszugehen. „Hm, warum nicht? Kind alt genug und selbst

wenn, mein Mann ist eh zu Hause…".
Nach kurzer Überlegung antworte ich
ihr: „Ja supi, gerne. War ja schon ewig
nicht mehr unterwegs." Wir verabredeten
uns in einer Gaststätte in der Nähe.
Nachdem ich fertig geschminkt und
Angezogen war, verließ ich gut gelaunt
das Haus und freute mich auf den Abend
mit meiner Freundin. Die Lokalität war
schon gut besucht aber wir fanden
trotzdem noch ein schönes Eckchen zum
Hinsetzten. Wir bestellten uns einen
leckeren Cocktail und schauten uns erst
einmal neugierig um. Es dauerte nicht
lange und meine Freundin wurde zum
Tanzen aufgefordert. Kurz danach kam
auch ein netter Mann zu mir und
streckte mir seinen Arm entgegen. Ich
folgte ihm auf die Tanzfläche und wir
legten einen schönen Tango aufs Parkett.
Unsere Blicke trafen sich mehrmals und
ich glaube ihm hat es genauso gut
gefallen wie mir. Er drückte mich an sich
nach dem Lied und bedankte sich für den
Tanz. Er begleitete mich zurück zu

meinem Sitzplatz und fragte mich ob ich was trinken möchte. Ich schaute zu meinem leeren Glas und nahm das Angebot dankend an. Erneut bestellte ich mir einen Cocktail, den er sich auch Bestellte. Wir unterhielten uns sehr gut und tranken noch so einige Cocktails und Liköre. Meine Freundin war mal da und auch wieder weg. Die Zeit verging unbemerkt als die Bedienung kam und sagte sie müsse jetzt mal abkassieren denn das Lokal würde gleich schließen. Als ich meinen Geldbeutel aus meiner Tasche holen wollte, legte mein Tanzpartner seine Hand auf meine und sagte: „Lass mal stecken, ich lade dich ein!" Erstaunt blickte ich ihn an, aber da hat er schon längst der Kassiererin das Geld überreicht und alles komplett bezahlt. Er stand auf, warf mir einen Handkuss zu und verließ die Gaststätte.

„ich denke ich muss nichts sagen „

*D*ie ganze Nacht nicht geschlafen, nur gegrübelt und überlegt. Mein Mann hingegen ist direkt eingeschlafen und hat losgeschnarcht. Was mir noch mehr Grund zum Nachdenken gibt. „Wie ist es möglich, dass man sich hinlegt und direkt einschläft?" Ich lasse mir den vergangenen Tag nochmal durch den Kopf gehen und überlege mir wie ich den morgigen Tag gestalte. Trotz allem bin ich morgens recht fit aufgestanden, Frühstück zubereitet und eine Waschmaschine Wäsche angestellt. Mein Mann kommt total verschlafen in die Küche und klagt über eine unruhige Nacht und wundert sich wie ich schon so vieles geschafft habe.

...ich sag schon nichts...

❧

„Scha-hatz, wir müssen unbedingt nochmal Tapezieren!!" Sag ich zu meinem Mann. Das *WIR* bezieht sich natürlich nur auf ihn. Ha, denkste, stimmt nämlich nicht ganz. Ich, sagen wir mal wir Frauen, müssen doch fast immer vorab alles wegräumen, Fenster und Türrahmen abkleben. Auch die abgerissene Tapete, die wild im Zimmer dann verstreut rum liegt aufsammeln und in den Müllbeutel werfen. Tapete einkleistern, anreichen und neue Bahnen schneiden. Naja, macht man, Frau, natürlich doch auch wortlos. Wir haben ja auch schließlich den Wunsch des Tapezierens geäußert. Haben die Tapete ausgesucht und das Zimmer bestimmt welches Tapeziert wird. Nach getaner Arbeit aufgeräumt und geputzt. Wenn Besuch kommt wird der Mann dann meistens für seine tolle Arbeit gelobt.

„ich sag da mal nichts zu "

❧

Im Sommer, wenn es draußen schön warm ist, macht es keinen Spaß in der Küche zu stehen und etwas zu kochen. Es wird also gegrillt. Zusammen machen mein Mann und ich uns Gedanken was wir denn grillen möchten und wen wir einladen können, wollen. Gehen dann auch zusammen einkaufen dafür, wobei mein Mann nur mal kurz eine Anmerkung macht:" Du machst ja auch wieder einen Salat dazu, oder!" „Aber klar doch", mein Gedanke, „wie immer".

Zu Hause dann den Salat vorbereiten, das Fleisch auspacken und auf einen Teller legen um es meinem Mann dann zum Grillen raus zu bringen. Der Grill ist auch schon an, hat aber noch nicht die richtige Temperatur erreicht", wie mir mitgeteilt wird. Wortlos gehe ich zurück in die Küche um dort wieder Ordnung zu machen. Packe dann noch Teller und Bestecke in einen Korb, Saucen und Getränke, mein Mann kann den Grill ja nicht mehr verlassen, der muss ja bewacht werden!! Wir Frauen decken dann den Tisch und verteilen die Getränke in Gläser. Alle haben Platz genommen, nur mein Mann steht noch am Grill und gibt dann das okay, das das Essen fertig ist. Er stellt die Platte mit dem gegrillten Fleisch in die Mitte des Tisches und fordert zum Bedienen davon auf. Nach dem Essen wird er für sein tolles grillen hoch gelobt.

„ich sag ja schon nichts "

❧

Während der Autofahrt blinkt plötzlich ein mir fremdes Symbol am Armaturenbrett auf. Nachdenklich rufe ich meinen Mann an und versuche ihm das Symbol zu erklären. Mache dann mit dem Handy ein Foto davon. Natürlich weiß er auch was das bedeutet. Beruhigt fahr ich an die Tankstelle und frage dort nach ob mir jemand helfen könnte. Aber natürlich kommt direkt ein Herr mit mir raus und schaut bei meinem Auto. In der Zwischenzeit kommt noch ein anderer Mann dazu und fragt ob er mir auch behilflich sein könnte. Früher hätte ich mich geärgert und auch etwas geschämt für meine Ahnungslosigkeit. Heute genieße ich es eher das das männliche Geschlecht so hilfsbereit und bemüht ist, mir (Frau) zu Helfen.

..."genießen und schweigen"...

෨

*W*ieder mal steh ich vor meinem Spiegel und überlege was ich anziehe. Es ist ziemlich warm draußen und auf der Arbeit den ganzen Tag in langer Hose zu sein ist mir nichts. Meine Überlegung ist nur Rock und Bluse oder kurzes Kleid. Meine Entscheidung fällt auf ein schönes sommerliches Kleid und dazu die passenden Stöckelschuhe. Auf der Arbeit schaue ich meine Kollegen bemitleidend an, mit Anzug und Krawatte, Bankberuf halt.

„auch dazu muss ich glaub nichts sagen"

❧

*D*er Blick in den Spiegel sagt mir, schminken ist angesagt. Es war eindeutig zu lang gestern Abend geworden, dafür das ich heute wieder so früh raus muss. Aber Dank der Kosmetikindustrie ist es kein großes Problem für mich die Spuren der Übernächtigung weg zu zaubern. Zufrieden steh ich vorm Spiegel als ich hinter mir meinen Mann höre. Er muss genauso früh los wie ich. Auch er sieht total zerknautscht aus, zusammen gezogene Augenbrauen, kleine glasige Augen. Ein muffeliges „Guten Morgen" erklärt mir seinen Gemütszustand. Nach dem gemeinsamen Frühstück verlassen wir das Haus. Er ungeschminkt, ich geschminkt……

…ich sag schon nichts…

❧

*D*as Badezimmer hat einen bestimmten Stellenwert in einem Haus. Die Toilette ist wie ein kleines Heiligtum. Manche benennen es sogar „Thron", für andere ist es das „stille Örtchen", und früher hat es an der Türe sogar oft ein Ausgesägtes Herz als Erkennungszeichen gehabt. Auch heute noch ein eher geheimnisvoller Ort. Für den Mann ein Ort der Ruhe, ein Rückzugsplatz, an dem er die Zeitung ungestört lesen und ausbreiten kann wie er es möchte. Fürs Kind auch ein Ort der Einsamkeit um die Nachrichten der Freunde auf dem Handy studieren zu können. Nun die Frau des Hauses: Sie erledigt ihr `Geschäft` genauso zeitlich abgestimmt wie fast alles in ihrem Leben, der Haushalt, der Einkauf, das Kochen, die Arbeit, denn Zeit ist Geld, na sagen wir Gold wert.

...da sag ich auch nichts zu...

*H*aare sind auch so eine Sache, wo ich oft denke: „Na toll, bei einem Mann sieht es ja „männlich" aus, wenn er stark behaart ist. Bei einer Frau stört es schon, wenn sie leichte Behaarung an den Beinen hat." Aber mal ehrlich, es stört uns Mädels ja auch selbst. Also her mit Enthaarungscremes, Rasierer, Epilierer oder was es so halt alles gibt um sie zu entfernen. Doch schauen wir, Mädels, uns die Männer doch mal genauer an. Es fängt schon mit den Augenbrauen an. Viele, besonders ältere Herren haben ziemlich buschige und lange Brauen. Auch aus der Nase schaut schon mal ein längeres Haar heraus. Und das ist noch nicht alles, auch aus den Ohren linst hier und da mal eins raus.

...auch hierzu muss ich wohl nichts sagen...

❧

*L*angsam wird es draußen wieder heller und wärmer. Die Wiese grüner und die Blumen bunter. Das Frühjahr ist da. Von Vorfreude gepackt, schlag ich meinem Mann vor, dieses Jahr ein Gewächshäuschen in den Garten zu stellen, damit wir im Sommer unsere eigenen Tomaten, Gurken und Salate haben. Auch Peperoni in allen möglichen Farben und schärfen wie wir möchten. Er ist begeistert von meiner Idee und wir setzen uns gemeinsam hin und bestellen eins. Doch es soll ja nicht direkt auf der Wiese stehen, also Fliesen. Mein Mann muss also erst Wiese ausstechen, die Fläche mit Split auffüllen und dann

Fliesen legen und das Gewächshaus aufbauen. Ich brauch dann nur noch bepflanzen.

...ich glaub damit ist alles gesagt...

❧

Das Telefon klingelt, das Essen kocht, das Baby schreit! Und zu guter Letzt klingelt es auch noch an der Tür. Mit dem Telefon am Ohr öffne ich die Kinderzimmertür und sage beruhigend zum Baby:" Ich komme sofort." Gehe dann zur Haustüre und öffne dem Briefträger, Unterschreibe für das angenommene Paket, mache am Rückweg noch den Trockner schnell aus, der durch ein Piepsen signalisiert hat das er fertig ist. In der Küche stelle ich den Herd ab wo die Milch fürs Baby gekocht hat. Nun hole ich das Baby aus dem Bett, mache ihm eine neue Windel, zieh es frisch an und nehme es mit in die Küche, wo ich nur noch, mit Baby am Arm die Flasche mit Milch befüllen muss. Jetzt setze ich mich hin und gebe dem Baby die Flasche.

...ich denke es ist alles gesagt...

☙

*E*in besonderer Tag ist heute auf der Arbeit. Der Chef gibt einen aus. Das hat er noch nie gemacht. Den Anlass hat er auch nicht verraten. Meine Kollegen und ich haben schon ein paar Spekulationen abgegeben, aber er sagt nichts. Nach der Arbeit versammeln wir uns alle gespannt im Aufenthaltsraum. Auf einen Tisch in der Ecke stehen Sekt, Bier und ein paar

leckere Häppchen und ein Schokoladen
Kuchen. Dann kommen zwei Damen in
den Raum und fangen an uns mit Sekt
oder einem Getränk unserer Wahl zu
bedienen. Wir versuchen aus ihnen
irgendetwas raus zu kriegen warum der
Chef das macht, aber die haben gar
nichts damit zu tun, sie seien nur aus
dem Catering Bereich, bekommen wir als
Antwort. Da kommt der Chef
freudestrahlend in den Saal. Er ist noch
ziemlich jung und sieht gut und
Sympathisch aus. Er nimmt das
angebotene Sektglas, bittet um Ruhe und
verrät uns endlich warum wir hier sind:
„Meine Lieben Mitarbeiterinnen und
Mitarbeiter, sie fragen sich bestimmt was
ich zu berichten habe, oder was das hier
alles soll!? Lange Rede Kurzer Sinn, ich
werde zum ersten Mal Papa und bin
unendlich Glücklich darüber. Das wollte
ich mit Ihnen feiern. Die Getränke und
das Essen geht auf meine Kosten. Für die
Damen habe ich noch Blumen, denn sind
wir mal ehrlich, Sie, Ihr, seid es die uns

Männer zu Vätern machen, Ihr tragt das Baby unter Euren Herzen Neun Monate aus. Verzichtet in dieser Zeit auf einiges, Ihr bring es unter Schmerzen auf die Welt. Dafür von mir allen Respekt und Achtung. Jede von Euch kann sich im Flur einen wunderschönen Blumenstrauß aussuchen. Jetzt lasst uns anstoßen und einen gemütlichen Abend zusammen verbringen. Vielen Dank für Ihre Aufmerksamkeit," Lautes klatschen Beendet seine Laudatio. Im Flur stehen echt wunderschöne Blumen, ich suche mir einen aus und verlasse nach einem gelungenen Abend das Ambiente.

„sagen muss ich wohl nichts"

❧

*E*s ist 18 Uhr, im Fernseher laufen die Nachrichten des Tages. Die schaue und höre ich mir gerne an. Die Lautstärke ist für mich laut genug eingestellt, aber nur bis zu dem Moment wo sich mein Mann dazu setzt. Er muss auch gar nichts sagen, es reicht schon das er da ist um das ich den Fernseher lauter stellen muss. Ist ja nicht böse gemeint, nur so eine Feststellung. Auch wenn ich zum Beispiel in einem Vortrag sitze oder einfach nur im Wartezimmer eines Arztes. Sobald ein Mann neben mir sitzt bemerke ich, er ist Laut. Er Atmet laut, er spricht Laut, er schläft laut und er bewegt sich sogar Laut.

..."ich bin schon ruhig "

☙

*D*raußen scheint die Sonne und es ist schön warm. Mit einer Freundin bin ich zum Eis essen in der City verabredet. Nach kurzer Überlegung ziehe ich mir mein neues T-Shirt mit einem schönen Ausschnitt an. Meine Freundin hat sich für eine kurzärmelige Bluse entschieden und geizt auch nicht mit ihren Reizen. So sitzen wir beide in der Sonne an einem Tisch der Eisdiele und Beobachten die vorbeigehenden Passanten. Es gibt ja kaum was Schöneres wie den Menschen zu studieren. Die einen laufen mit Blick nach unten auf ihr Handy gerichtet, die Anderen Stolzieren mit hocherhobenem Haupte und stolpern fast über ihre eigenen Füße. Auch der Kleidungsstil Einiger Personen lässt uns schmunzeln. Dann, fast zeitgleich fällt unser Blick in Richtung gegenüberliegender Baustelle. Dort bückt sich gerade ein Bauarbeiter um nach seinem Werkzeug zu greifen.

...ich muss glaub nichts sagen...

Zum guten Schluss:

Warum es sich doch lohnt....

...*E*ine Frau zu sein!

Wir (Frauen) bekommen die Türe aufgehalten von einem Mann; wir bekommen Blumen geschenkt, auch ohne Geburtstag zu heben; wir bekommen den Vortritt gewährt wenn wir eine Lokalität betreten; wir bekommen zuerst das Glas befüllt; wir werden über die „Schwelle" nach der Hochzeit getragen; wir bekommen das Haus gebaut; wir bekommen ein Kind und erleben dieses Wunder; und da gibt es noch so vieles mehr warum es sich doch lohnt eine Frau zu sein!!!

Die Situationen und Erfahrungen sind natürlich nicht alle frei Erfunden, aber es Trifft Selbstverständlich nicht auf alle Männer und Frauen zu. Die Frau bin auch nicht ich, einfach eine fiktive Frau. Die Person die ich als meinen Mann in dem Buch benenne ist nicht mein Mann, sondern EIN Mann. Es sind einfach nur Fiktive Personen und Geschichten. Bestimmt erkennen sich viele wieder oder fühlen sich sogar angesprochen oder auch ertappt. Wenn ja, find ich es witzig und gelungen.

୬

Weitere Bücher von Miriam Krug

„Die Tür"

Mein Leben mit MS

ISBN 9783848232710

„Pleiten Pech mit Spaß"

Mein Leben ist geprägt von
Tollpatschigkeiten und Missgeschicken,
Pech kommt auch noch dazu-

ISBN:9783743139794

„Klettern mein Sport"

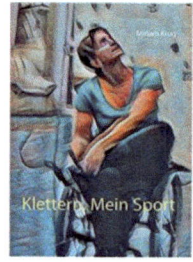

Meine nicht gesuchte, aber zum Glück
gefundene Sportart ist klettern.

ISBN: 9783746077659

Ich möchte mich ganz Herzlich für die
Bilder bei Pixabay, prettyvectors und
Clip Art bedanken!

ENDE OFFEN